Dieses Büchlein
gehört

Mitglied der Verlagsgruppe „engagement"

Bibliografische Information der Deutschen Nationalbibliothek
Die Deutsche Nationalbibliothek verzeichnet diese Publikation in der
Deutschen Nationalbibliografie; detaillierte bibliografische Daten sind
im Internet über http://dnb.d-nb.de abrufbar.

2015
© Verlagsanstalt Tyrolia, Innsbruck
Umschlaggestaltung: Tyrolia-Verlag
unter Verwendung eines Bildes von Sybille Tezzele-Kramer
Layout und digitale Gestaltung: Tyrolia-Verlag
Druck und Bindung: FINIDR, Tschechien
ISBN 978-3-7022-3404-1 (Normalausgabe)
ISBN 978-3-7022-3405-8 (Kunstlederausgabe)
E-Mail: buchverlag@tyrolia.at
Internet: www.tyrolia-verlag.at

Maria Radziwon

Mein Erstkommunion Messbuch

Illustriert von
Sybille Tezzele-Kramer

Tyrolia-Verlag · Innsbruck-Wien

Inhaltsverzeichnis

Eucharistiefeier

Gemeinschaft

Liebes Erstkommunionkind!

Jeden Sonntag treffen sich Christen, um gemeinsam ein Fest zu feiern. Die Menschen denken an das, was Jesus gesagt und getan hat. Und bei der Erstkommunion bist du zum ersten Mal so richtig mit dabei und bekommst von Jesus ein ganz besonderes Geschenk.

Das ist vielleicht ein bisschen schwierig zu verstehen, aber eigentlich kann man es ganz leicht erklären: Jesus möchte dich in seiner Nähe haben. Jesus hat dich sehr gern und ist wie ein guter Freund für dich. Mit ihm kannst du reden, du kannst ihn um etwas bitten oder ihm erzählen, wenn dich etwas bedrückt und traurig macht. Jesus ist immer für dich da.

Sein Geschenk an dich ist sehr wertvoll. Nicht jeder kann es sehen, es ist wie ein kostbarer Schatz: Das Geschenk für dich ist Jesus selber. Er kommt ganz nah zu dir und wenn du tief hineinhörst in dich, kannst du fühlen, dass Jesus immer bei dir ist und dich begleitet. Damit du das Geschenk gut bewahrst und nicht vergisst, bist du eingeladen, am Sonntag  zur Messe zu gehen. Am besten mit deiner ganzen Familie, denn so teilt ihr miteinander etwas ganz Besonderes: dass Jesus für jeden von euch sein Geschenk vorbereitet hat und sich auf euch freut.

In der Kirche

Kirchen sind meistens sehr große Gebäude mit vielen Bänken darin und manchmal auch sehr farbenfrohen Bildern. Es tut gut, wenn du ab und zu einmal in die Kirche gehst und dich ganz besonders an Jesus erinnerst und an das, was er in seinem Leben gesagt und getan hat.

In der Nähe der Eingangstür findest du einen kleinen Weihwasserbrunnen. Dort hinein kannst du deinen Zeige- und Mittelfinger tauchen und mit dem Weihwasser das Kreuzzeichen auf deine Stirn und die Brust machen.

Dabei sprichst du:

„Im Namen des Vaters
und des Sohnes
und des Heiligen Geistes.
Amen."

Wenn du nach vorne blickst, siehst du den Altar. Das ist ein ganz besonderer Tisch, an dem der Priester die Worte spricht, die auch schon Jesus zu seinen Freunden gesagt hat. Außerdem teilt er Brot und Wein mit allen, die in der Messe sind.

Manchmal ist es vielleicht langweilig in der Kirche. Die Messe dauert lange und es ist schwierig, alles zu verstehen, was da gesagt wird. Eigentlich sind die Worte, die da verwendet werden, für Erwachsene gemacht. Aber Jesus hat immer wieder gesagt, wie wichtig es für ihn ist, dass die Kinder zu ihm kommen. Jesus hat Kinder sehr gerne gehabt und manchmal hat er mit den Erwachsenen ein bisschen geschimpft und gesagt, dass sie ganz viel von den Kindern lernen können.

An deinem Erstkommuniontag bist du ganz nahe dabei. Meistens dürfen die Erstkommunionkinder rund um den Altar stehen, so können sie alles gut sehen und hören, was da geschieht.

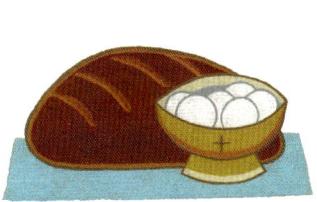

Wenn du zum ersten Mal Jesus empfängst, ist das vielleicht ein bisschen komisch. Wie kann Jesus in so einem kleinen Brot drin sein? Es ist nicht so einfach zu erklären, aber du spürst die Antwort in dir drin: Nicht alles muss groß und auffällig sein, damit es guttut. Manchmal sind es die ganz kleinen Dinge, die viel Kraft geben für das Leben. So wie die Hostie: ein kleines Brot, in dem Jesus ganz nahe zu dir kommt.

Dieses kleine Buch soll dir ein Begleiter für die Messe sein. Du kannst darin alles finden, was gesagt wird. Wenn du mitlesen kannst, fällt es dir vielleicht leichter, alles zu verstehen. Manche Gebete sind sehr lang, aber wenn du im Buch ein bisschen mitliest, so lernst du nach und nach alle wichtigen Worte, die in der Messe gesagt werden, auswendig und fühlst dich immer sicherer.

Außerdem wird im Buch alles ein wenig erklärt, was da bei der Messe geschieht. Die Erstkommunionmesse ist natürlich eine ganz besondere, aber auch an jedem anderen Sonntag gibt es Dinge, die sich wiederholen, und manches hörst und siehst du vielleicht überhaupt zum ersten Mal. Die Messe ist immer ein Fest, bei dem an Jesus gedacht wird und an alles, was er gesagt und getan hat.

Am Sonntag

Manchmal ist es ein bisschen mühsam, wenn du auch am Sonntag frühzeitig aufstehen musst, damit du zur Messe gehen kannst. Wie fein wäre doch das Ausschlafen!

Aber weißt du: Jesus ist dein Freund und er freut sich, wenn du zu ihm kommst. Stell dir mal vor, niemand würde dich besuchen. Das wäre nicht schön, oder?

Jedenfalls: Jesus freut sich auf dich. Und die Messe soll nicht lästig sein, sondern dir Freude bereiten.

Jesus kommt in der Hostie ganz nahe zu dir und will dir Kraft schenken für die ganze Woche und alles, was du in diesen Tagen bis zum nächsten Sonntag dann erlebst.

Vielleicht triffst du auch andere Freunde bei der Messe oder du bist gar selbst ein Ministrant oder eine Ministrantin? Das ist dann besonders schön, denn Glauben ist etwas, das man in Gemeinschaft machen soll. Weil man sich dann gegenseitig erzählen kann, vielleicht auch mal eine Frage stellt und von anderen eine gute Antwort darauf bekommt. Und es ist viel schöner, gemeinsam etwas zu machen!

Schau dich einmal gut um in der Kirche und suche die große Osterkerze. Du wirst entdecken, dass es viele Kerzen gibt, die leuchten. Es gibt auch Kerzen, die nur bei ganz besonderen Festen angezündet werden. So wie deine Taufkerze. Als du noch ein ganz kleines Baby warst, hat ihre Flamme zum ersten Mal geleuchtet. Vielleicht habt ihr sie später zu deinem Namenstag angezündet, aber ganz sicher brennt deine Taufkerze bei einem sehr wichtigen Fest: deiner Erstkommunion.

Und weil diese Kerze ein Zeichen für Jesus ist, von dem wir glauben, dass er das wichtigste Licht in unserem Leben ist, findest du auch hier im Buch eine besondere Kerze. Immer, wenn bei deiner Erstkommunionfeier etwas ganz Besonderes geschieht, findest du das Bild der Kerze und einen kurzen Text daneben.

16

Die heilige Messe

Eröffnung

Die Menschen versammeln sich, um miteinander zu beten und zu feiern. Am Beginn begrüßt der Priester alle, die in die Kirche gekommen sind. Wir freuen uns, dass wir uns getroffen haben, um unseren Glauben zu teilen. Aber wir wissen, dass wir auch Fehler machen, und deshalb sagen wir vor allen anderen und vor Gott, dass uns das leidtut. Beim Gloria, das meistens gesungen wird, preisen wir Gott und seine Größe. Wir freuen uns, dass Gott mit uns ist an jedem Tag und auch in der Nacht.

Wenn der Gottesdienst beginnt, läuten die Ministranten die Glocken beim Ausgang der Sakristei. Dann gehen die Ministranten und der Priester zum Altar, machen eine Kniebeuge und jeder geht an seinen Platz. Die Messbesucher stehen auf. Dann beginnen alle die Feier mit dem Kreuzeichen und der Priester begrüßt alle Menschen, die zur Messe gekommen sind. Er sagt: „Der Herr sei mit euch."

Wir antworten und sagen: „Und mit deinem Geiste" (das heißt: und auch mit dir).

 Bei der Erstkommunion ziehen die Kinder mit ihren Taufkerzen meistens gemeinsam mit dem Priester in die Kirche ein. Das zeigt, dass du und die anderen Erstkommunionkinder an diesem Tag ganz besonders wichtig seid!

Schuldbekenntnis und Vergebungsbitte

Jeder Mensch macht Fehler. Es ist aber nicht so einfach, das zuzugeben. Wir müssen vor Gott aber keine Angst haben. Wir dürfen alles sagen, was uns bedrückt, und bitten darum, dass Gott bei uns ist und uns hilft. Das tun wir mit dem Satz „Herr, erbarme dich" und „Christus, erbarme dich". Es gibt auch noch eine ältere Form, das zu sagen. Sie ist griechisch und man sagt dann „Kyrie eleison" und „Christe eleison". Manchmal werden diese Sätze auch gesungen.

Wichtig ist, dass du weißt: Gott ist bei dir. Auch wenn du Fehler machst.

Schuldbekenntnis

Ich bekenne Gott, dem Allmächtigen,
und allen Brüdern und Schwestern,
dass ich Gutes unterlassen
und Böses getan habe:

Ich habe gesündigt
in Gedanken, Worten und Werken –
durch meine Schuld,
durch meine Schuld,
durch meine große Schuld.

Darum bitte ich die selige
Jungfrau Maria,
alle Engel und Heiligen
und euch, Brüder und Schwestern,

für mich zu beten bei Gott,
unserem Herrn.

Bei der Erstkommunion lesen oft Kinder Texte vor. Vielleicht bist sogar du dabei? Es ist etwas ganz Besonderes, wenn man vor vielen Menschen etwas vortragen kann.

.

Gloria

Wir loben und preisen Gott mit einem Lied. Manchmal wird auch ein Gebet gesprochen. Der Text erinnert uns an die Engel, die bei der Geburt Jesu den Hirten begegnet sind. Weißt du noch, was sie gesungen haben? Es ist das, was wir beim Gloria singen und beten:

Ehre sei Gott in der Höhe
und Friede auf Erden
den Menschen seiner Gnade.
Wir loben dich,
wir preisen dich,

wir beten dich an,
wir rühmen dich und danken dir,
denn groß ist deine Herrlichkeit.

Herr und Gott, König des Himmels,
Gott und Vater, Herrscher über das All.
Herr, eingeborener Sohn, Jesus Christus.
Herr und Gott, Lamm Gottes,
Sohn des Vaters,
du nimmst hinweg die Sünde der Welt:
erbarme dich unser;
du nimmst hinweg die Sünde der Welt:
nimm an unser Gebet;
du sitzest zur Rechten des Vaters:
erbarme dich unser.

Denn du allein bist der Heilige,
du allein der Herr,
du allein der Höchste: Jesus Christus
mit dem Heiligen Geist,
zur Ehre Gottes des Vaters.
Amen.

Wortgottesdienst

Bei diesem Teil der Messe hörst du viele Berichte aus der Bibel. Meistens gibt es eine Geschichte aus dem Alten Testament, danach noch eine aus dem Neuen Testament und dann folgt das Evangelium. Das Evangelium erzählt von Jesus und dem, was er getan hat. Danach erklärt der Priester das, was gelesen wurde, oder zeigt, wie wir das, was Jesus gesagt hat, in unserem eigenen Leben auch machen können. Außerdem bekennen wir unseren Glauben und bitten Gott bei den Fürbitten um seine Unterstützung in unserem Leben.

Lesung

Jetzt setzen wir uns. Jemand aus der Pfarrgemeinde liest aus der Bibel vor. In diesem Buch ist aufgeschrieben, was Gott für uns Menschen tut. Wenn der Text zu Ende gelesen ist, sagt der Lesende (er wird auch Lektor genannt):

„Wort des lebendigen Gottes."

Wir antworten: „Dank sei Gott".

Manchmal werden auch zwei Lesungen vorgelesen. Eine ist dabei aus dem Alten Testament, die zweite aus dem Neuen Testament. Zwischen den Lesungen wird ein Lied gesungen oder ein Psalm gebetet.

Halleluja-Ruf

Bevor der Priester aus dem Evangelium vorliest, erklingt das Halleluja. Dieses Wort kommt aus dem Hebräischen. Das ist die Sprache, die dort gesprochen wurde, wo Jesus gelebt hat. Übersetzt heißt Halleluja ungefähr: Lobt Gott!

Weil wir Gott loben und uns auf die Frohe Botschaft im Evangelium freuen, stehen wir auf, während wir singen.

Evangelium

Evangelium heißt „Frohe Botschaft". Das Evangelium ist sehr wichtig, weil es uns von Jesus berichtet. Er hat uns Wege gezeigt, wie wir ein gutes Leben führen können. Ganz oft hat er Geschichten erzählt, damit die Menschen ihn besser verstehen. Solche Geschichten nennt man „Gleichnisse".

Wir freuen uns über das, was Jesus uns sagen will, und stehen auf.

Der Priester, der das Evangelium vorliest, sagt:

„Der Herr sei mit euch."

Wir antworten: „Und mit deinem Geiste."

„Aus dem heiligen Evangelium ...", sagt der Priester daraufhin und fügt noch hinzu, ob es nach Markus, Lukas, Matthäus oder Johannes – den vier Evangelisten – erzählt wird.

Darauf antworten wir noch: „Ehre sei dir, o Herr."

Wenn der Priester fertig gelesen hat, sagt er:
„Evangelium unseres Herrn Jesus Christus."
Alle antworten dann: „Lob sei dir, Christus."

Predigt

Nach dem Evangelium sagt der Priester seine Gedanken zu dem, was vorgelesen wurde. Das nennt
man „Predigt". Bei besonderen Festen (bei deiner
Erstkommunion zum Beispiel!) oder bei Familien-
und Kindergottesdiensten sagt der Priester ganz
besonders für Kinder etwas.

Vielleicht kennst du das Evangelium, das
der Priester vorliest, schon aus den Vorbe-
reitungsstunden. Bei der Predigt möchte er
ganz besonders darauf eingehen. Versuche
gut zuzuhören, vielleicht stellt der Priester
ja auch Fragen und sucht jemanden, der eine Antwort darauf weiß. Bist du es?

Glaubensbekenntnis

Nach der Predigt bekennen wir unseren Glauben:

Ich glaube an Gott,
den Vater, den Allmächtigen,
den Schöpfer des Himmels und der Erde.

Und an Jesus Christus,
seinen eingeborenen Sohn, unsern Herrn,
empfangen durch den Heiligen Geist,
geboren von der Jungfrau Maria,
gelitten unter Pontius Pilatus,
gekreuzigt, gestorben und begraben,
hinabgestiegen in das Reich des Todes,
am dritten Tage auferstanden von den Toten,
aufgefahren in den Himmel;
er sitzt zur Rechten Gottes,
des allmächtigen Vaters;
von dort wird er kommen,
zu richten die Lebenden und die Toten.

Ich glaube an den Heiligen Geist,
die heilige katholische Kirche,
Gemeinschaft der Heiligen,
Vergebung der Sünden,
Auferstehung der Toten
und das ewige Leben.
Amen.

Bei der Erstkommunion bekennen die Erstkommunionkinder das erste Mal selbst ihren Glauben. Denn zuvor haben das die Eltern und Paten bei der Taufe gemacht (da konntest du ja noch nicht reden!). Am Erstkommuniontag werden die Taufkerzen entzündet und alle Kinder antworten auf die Fragen des Priesters. Jeder Priester macht das ein bisschen anders, aber die Antworten sind überall gleich. Du sagst: „Ja, ich glaube." Es gibt auch eine Frage, auf die du antwortest: „Ich widersage." – Das bedeutet, dass du stark sein willst und dem Bösen keinen Platz in deinem Leben geben möchtest.

„Liebe Kinder! Bei der Taufe haben eure Eltern und Paten den Glauben bekannt, jetzt dürft ihr es zum ersten Mal selbst vor allen Menschen hier in der Kirche tun und so frage ich euch:

Gott hat die Welt erschaffen, jeden Einzelnen, dich

und mich. Er hat uns die Erde anvertraut. Glaubst du an Gott, der Himmel und Erde gemacht hat und unser Vater ist?"

„Ich glaube."

„Gott hat seinen Sohn Jesus in die Welt gesandt, um zu zeigen, wie sehr er uns Menschen liebt. Glaubst du an Jesus Christus, den Sohn Gottes, der mit den Menschen gelebt hat und für uns gestorben und auferstanden ist?"

„Ich glaube."

„Gott ist heute und alle Tage bei uns und hilft uns durch den Heiligen Geist als seine Kinder zu leben. Glaubst du an den Heiligen Geist, der uns zum Guten hilft und uns zum ewigen Leben bei Gott führt?"

„Ich glaube."

„Wir können unseren Glauben nur in der Gemeinschaft mit anderen leben. Willst du mit Jesus leben und zur Gemeinschaft der Kirche gehören?"

„Ich will es."

Fürbitten

Gott liebt uns und will uns helfen. Deshalb bitten wir ihn für alle Menschen nah und fern: für Menschen, die arm sind, für die Großen und die Kleinen, für die Kranken und Schwachen ...

Auch du kannst in einem kurzen Moment eine Bitte ganz leise für dich sagen und Gott darum bitten, dass du erhört wirst.

Nach jeder Bitte sagen wir:

„Wir bitten dich, erhöre uns."

Eucharistiefeier

Dieser Teil der Messe ist etwas ganz Besonderes: Jesus kommt ganz nahe zu uns, er will zeigen, dass er auch heute mitten unter uns ist. Bei der Eucharistiefeier erinnern wir uns an das letzte Abendmahl, bei dem Jesus mit seinen Freunden Brot und Wein geteilt hat. Der Priester spricht die Worte, die Jesus vor 2000 Jahren selbst gesagt hat. Es wird aber kein „echtes" Brot verwendet, sondern Hostien. Das sind kleine Brötchen, könnte man sagen, die aus Wasser und Mehl in flachen Scheiben gebacken sind. Wir glauben daran, dass Jesus in diesem Brot auch heute mitten unter uns ist.

Gabenbereitung

Die Ministranten bringen Brot und Wein zum Altar. Der Priester bereitet den Tisch für das Mahl und bittet Gott in einem Gebet, dass unsere Gaben angenommen werden.

Das kann zum Beispiel so lauten:

„Himmlischer Vater! Wir bringen dir unsere Gaben: das Brot und den Wein.
Wir schenken dir alles, was wir haben. Nimm unsere Gaben an."
Wir antworten: „Amen."

Wenn ein besonderes Fest wie die Erstkommunion gefeiert wird, gibt es meistens einen Gabengang. Dabei werden die Gaben nicht nur von den Ministranten, sondern auch von den Erstkommunionkindern zum Altar gebracht. Dies sind meistens Brot, Trauben, der Kelch, die Schale für die Hostien und manchmal auch Blumen oder Kerzen.

Während der Gabenbereitung wird in einem Körbchen oder Sammelbeutel Geld gesammelt. Es wird an Menschen weitergegeben, die in großer Not

sind. Manchmal bleibt das Geld auch in der Pfarrgemeinde, damit die Heizung, der Blumenschmuck
oder etwas anderes bezahlt werden kann. Gott
freut sich, wenn wir einander helfen.

Heilig – Sanctus

Wir preisen Gott, weil er uns Gutes tut und für uns
da ist. Gott hat den Himmel und die Erde gemacht
und uns das Leben geschenkt.
Bevor wir voller Freude singen, stimmen wir in das
Lob- und Dankgebet ein. Der Priester beginnt und
wir antworten abwechselnd:
„Der Herr sei mit euch."
 „Und mit deinem Geiste."
„Erhebet die Herzen."
„Wir haben sie beim Herrn."
„Lasset uns danken dem Herrn, unserm Gott."
„Das ist würdig und recht."

Dann singen wir freudig:

Heilig, heilig, heilig.
Gott, Herr aller Mächte und Gewalten.
Erfüllt sind Himmel und Erde
von deiner Herrlichkeit.
Hosanna in der Höhe.
Hochgelobt sei, der da kommt
im Namen des Herrn.
Hosanna in der Höhe!

Wandlung von Brot und Wein

Wir erinnern uns an das letzte gemeinsame Essen von Jesus und seinen Freunden, das letzte Abendmahl. Der Priester spricht die gleichen Worte wie damals Jesus.

Das Brot, das die Ministranten zum Altar gebracht haben, wird bei der Wandlung zum Leib Christi. Das bedeutet, dass Jesus jetzt wirklich bei uns ist. Das kann man sich natürlich nur schwer vorstellen, aber wenn man es aus ganzem Herzen glaubt, spürt man: Jesus ist da. In diesem kleinen Brot, der Hostie.

Der Priester bricht das Brot und erinnert uns, dass Jesus sein Leben für uns gegeben hat. Er sagt:

„Nehmet und esset alle davon: Das ist mein Leib."

Dann nimmt der Priester den Wein. Auch den Wein hat Jesus mit seinen Freunden beim letzten Abendmahl geteilt und gezeigt, dass er bereit war, sein Blut für uns zu geben.

Der Priester hält den Kelch mit Wein in die Höhe und sagt:

„Nehmt und trinkt alle daraus. Das ist mein Blut."

Mit diesen Worten werden Brot und Wein in den Leib und das Blut Jesu verwandelt.

Niemand kann das beweisen und mit unseren Augen sehen wir nach wie vor Brot und Wein. Aber wir dürfen es glauben – das heißt, wir können darauf vertrauen, dass es stimmt. Und deshalb schließt auch der Priester die Wandlung mit den Worten:

„Geheimnis des Glaubens."

Alle antworten darauf:

„Deinen Tod, o Herr, verkünden wir
und deine Auferstehung preisen wir,
bis zu kommst in Herrlichkeit."

Das Wort AMEN, das wir öfters in der Messe sprechen, sagt auch, dass wir das alles glauben. Amen bedeutet so viel wie: „Ja, ich glaube." oder „Ja, so ist es."

Bei deiner Erstkommunion wirst du zum ersten Mal Jesus im Brot empfangen. Er kommt dir ganz nahe. Wenn der Priester bei der Wandlung Brot und Wein in die Höhe hochhebt, zeigt er uns, dass Brot und Wein sich zwischen Himmel und Erde befinden. Sie sind das große Geschenk von Jesus, das wir in der Kommunion empfangen dürfen. Und du bei deiner Erstkommunion zum ersten Mal!

Vaterunser

Jesus hat den Menschen von Gott erzählt und ihnen gesagt, wie sehr Gott sie liebt. Gott ist wie ein Vater im Himmel. Jesus hat den Menschen damals ein Gebet gegeben, das wir auch heute noch gemeinsam beten.

Vater unser im Himmel,
geheiligt werde dein Name.
Dein Reich komme.
Dein Wille geschehe,
wie im Himmel so auf Erden.

Unser tägliches Brot gib uns heute.
Und vergib uns unsere Schuld,
wie auch wir vergeben
unseren Schuldigern.
Und führe uns nicht in Versuchung,
sondern erlöse uns von dem Bösen.

Denn dein ist das Reich und die Kraft und die
Herrlichkeit in Ewigkeit.
Amen.

Bei der Erstkommunion dürfen die Kinder oft zum Altar nach vorne kommen und reichen sich die Hände, während das Vaterunser-Gebet gesprochen oder gesungen wird.

Friedensgruß

Am Anfang der Messe haben wir Gott um Vergebung für unsere Fehler gebeten. Jetzt möchten wir uns für den Frieden zwischen uns und auf der ganzen Welt einsetzen. Der Priester bittet um den Frieden, den Jesus uns schenken möchte:

„Der Friede des Herrn sei allezeit mit euch."
Wir antworten: „Und mit deinem Geiste."

Mit einem kleinen Zeichen zeigen wir, wie wichtig uns der Frieden ist. Wir reichen unserem Sitznachbarn die Hand und sehen ihm in die Augen. Dann sagen wir: „Der Friede sei mit dir."

 Bei der Erstkommunion dürfen die Kinder manchmal ihren Eltern und Geschwistern die Hand reichen zum Friedensgruß. Es ist gut, wenn deine Familie in der Kirche weit vorne sitzt, dann musst du nicht so weit gehen und findest sie leicht, wenn du ihnen den Friedensgruß bringen möchtest.

Lamm Gottes

Der Priester bricht das Brot, die Hostie, in mehrere Teile. Dabei beten (oder singen) wir alle gemeinsam:

Lamm Gottes,
du nimmst hinweg die Sünde der Welt:
Erbarme dich unser.
Lamm Gottes,
du nimmst hinweg die Sünde der Welt:
Erbarme dich unser.
Lamm Gottes,
du nimmst hinweg die Sünde der Welt:
Gib uns deinen Frieden.

Jesus wird oft auch als das „Lamm Gottes" bezeichnet. Das Lamm ist ein Zeichen dafür, dass Jesus nicht als mächtiger Herrscher den Menschen von Gott erzählen wollte, sondern dass er sanft und gütig war wie ein Lamm. Jesus wollte Frieden für uns Menschen.

Kommunion

Der Priester lädt nun die Menschen ein, zum Altar zu kommen, um Jesus im Brot zu empfangen. Dabei zeigt er ihnen die Hostie und spricht:
„Der Leib Christi."
Jeder Einzelne antwortet: „Amen."
So zeigt er, dass er daran glaubt, dass in diesem Brot wirklich Jesus ist.

Der Priester teilt dir und den anderen Erstkommunionkindern als Erstes die Kommunion aus. Lege die rechte Hand unter deine linke. So bildest du eine Schale, in die die Hostie hineingelegt wird. Dann nimm sie mit der rechten Hand und lege sie in den Mund. Manchmal ist es üblich, dass der Priester dir die Hostie direkt auf deine Zunge legt. Wichtig ist, in diesem Moment ganz andächtig und ruhig zu werden.

Du kannst Jesus für sein Geschenk danken:

Jesus, du bist jetzt da im heiligen Brot.
Du gibst dich mir zur Speise.
So nahe willst du mir sein.
Ich bitte dich: Komm in mein Herz und fülle es
mit deiner Liebe!
Fülle es mit deinem Frieden!
Fülle es mit deiner Kraft zum Gut-Sein!
Sei mein Freund für mein ganzes Leben.
Amen.

Bei der Erstkommunion ist es ein ganz besonderer Moment, wenn du Jesus so nah spürst. Versuche, dir dieses Gefühl ganz fest zu bewahren. So kannst du jedes Mal, wenn du die Kommunion bekommst, an diesen besonderen Tag denken, als du zum ersten Mal die Hostie empfangen hast.

Gebet nach der Kommunion

Jesus ist ganz nahe zu dir gekommen. Während der Messe hast du schon vieles gehört. Manche Worte hast du vielleicht schon wieder vergessen und manches hast du noch gut in Erinnerung. Erzähle Jesus ganz leise davon.

Du kannst in der kurzen Zeit der Stille jetzt um wirklich wichtige Dinge bitten. Das Gebet ist natürlich kein Zauberspruch, aber es macht Jesus und dich zu ganz engen Vertrauten. Jesus ist jetzt so etwas wie dein bester Freund.

Segen

Die Messe endet mit dem Segen. Alles, was wir gemeinsam erlebt haben bei dieser Feier, wird so abgeschlossen. Der Segen ist ein Gebet, das der Priester spricht. Seine Worte sollen uns Kraft geben für die neue Woche. Auch wenn nicht immer alles einfach ist, wissen wir: Gott begleitet uns jeden Tag. Am Sonntag haben wir Kraft getankt, damit wir auch Probleme gut meistern.

Abschluss

Der Priester wünscht allen Menschen einen schönen Sonntag und lädt ein, den Weg in die neue Woche im Frieden zu gehen. Er sagt: „Gehet hin in Frieden."

Wir antworten: „Dank sei Gott dem Herrn."

Die Leute singen dann miteinander noch ein Abschlusslied oder die Orgel begleitet die Menschen mit ihrer feierlichen Musik beim Hinausgehen aus der Kirche.

Gemeinschaft

Es ist schön, Familie und Freunde bei sich zu haben. Ganz besonders, wenn ein Fest gefeiert wird. Stell dir mal vor, du feierst Geburtstag und bist ganz alleine – das wäre doch traurig, oder?

So ähnlich ist es auch für Jesus, wenn du am Sonntag in die Messe gehst. Da triffst du auch andere Menschen, die mit Jesus verbunden sein möchten, und ganz besonders schön ist es, wenn auch deine Eltern und Geschwister mit dabei sind.

Am Tag deiner Erstkommunion sind sicher viele Leute da. Aber auch, wenn einmal nur wenige Leute da sind bei der Messe, ist das nicht so schlimm. Jesus freut sich nämlich über jeden Einzelnen, der zu ihm kommt und sein Freund sein will. Er hat einmal gesagt: „Wo zwei oder drei in meinem Namen versammelt sind, da bin ich mitten unter ihnen."

Agape

Nach der Messe treffen sich die Menschen noch am Kirchplatz. Manchmal gehen sie auch gemeinsam in ein Gasthaus oder sitzen zu Hause noch zusammen.

Bei großen Festen gibt es oft eine „Agape". Das ist ein griechisches Wort und bedeutet so etwas wie „Liebe". Miteinander teilen, für andere da sein, gemeinsam etwas erleben und einander helfen: das ist die Liebe, die Gott für uns Menschen möchte. Wenn bei Festen eine Agape gestaltet wird, helfen alle zusammen. Manche backen Kuchen, andere Brot und wieder andere bereiten den Tisch, auf dem Gläser mit Getränken stehen. Miteinander essen und trinken ist etwas, das schon Jesus mit seinen Freunden gemacht hat.

Nach der Erstkommunion gibt es sicher eine kleine Agape. Meistens werden Brot und Weintrauben miteinander geteilt. Sie erinnern an das, was Jesus mit uns geteilt hat: Brot und Wein stehen für den Leib und das Blut Christi. Bei der Erstkommunion sind diese beiden Zeichen ganz besonders wichtig. Sie sind der Mittelpunkt der Feier.

Beten

Natürlich kannst du überall mit Jesus sprechen. Du musst nicht unbedingt in einer Kirche sein, um Jesus zu spüren und mit ihm zu sprechen.

Abends, wenn du müde bist und schon im Bett liegst, kannst du Jesus von deinem Tag erzählen. Oder wenn du Sorgen hast, kannst du auch mit Jesus reden – ganz egal, ob du gerade über den Hausaufgaben sitzt oder auf einen Baum kletterst. Jesus ist in deinem Herzen spürbar – und das hast du ja immer dabei!

Am Morgen

Danke, Gott, für diesen Morgen,
danke, dass du bei mir bist.
Danke für die guten Freunde
und dass du mich nie vergisst.
Danke für die Zeit zum Spielen,
für die Freude, die du schenkst,
und dass du an dunkeln Tagen
ganz besonders an mich denkst.

Mit dir, Gott, steh ich heute auf,
begleite meinen Tageslauf.
Beschütze mich mit deinem Segen
auf allen meinen Wegen.

Die Nacht ist zu Ende,
die Sonne ist erwacht.
Ich falte die Hände
und danke für die Nacht.

Ein neuer Tag ist da.
Hab Dank für Schlaf und Ruhe
und sei mir heute nah
bei allem, was ich tue.

Wo ich gehe, wo ich stehe,
bist du, lieber Gott, bei mir.
Wenn ich dich auch niemals sehe,
weiß ich sicher, du bist hier.

Oh Gott, du hast in dieser Nacht,
so wunderbar für mich gewacht.
Ich lob und preise dich dafür
und dank für alles Gute dir.
Begleite mich auch diesen Tag,
was immer er mir bringen mag.
Und was ich denke, red und tu,
das segne Gott im Himmel du.
Amen.

Guter Gott,
du hast mir zwei gesunde Hände gegeben.
Ich danke dir.
Ich kann damit vieles machen.
Mit meinen Händen kann ich:
das Kreuzzeichen machen,
ein Segelboot falten,
Knetmasse spielen,
Fahrrad fahren,
Sand spielen,
jemandem helfen.
Mit meinen Händen kann ich auch Schlimmes tun.
Manchmal tue ich dabei jemandem weh.
Das tut mir leid. Verzeih mir.
Guter Gott, danke für meine Hände.
Ich will auf sie aufpassen und Gutes damit tun.
Amen.

Zu Mittag

Komm, Herr Jesus, sei unser Gast.
Und segne, was du uns gegeben hast.
Amen.

Jedes Tierlein hat sein Essen,
jedes Blümlein trinkt von dir,
hast auch uns nicht vergessen,
lieber Gott, hab Dank dafür.
Amen.

Bevor wir essen, sagen wir:
„Du, lieber Gott, wir danken dir.
Wir danken für die Gaben,
die wir bekommen haben."

Lieber Gott, wir danken dir
für das gute Essen hier.
Amen.

Am Abend

Müde bin ich, geh zur Ruh,
schließe meine Augen zu.
Herr, lass die Augen dein
über meinem Bettchen sein.
Amen.

Nun bin ich müde, der Tag war lang.
Für alles sage ich Dank.
Lieber Gott, ich bitte dich:
Beschütze Mama, Papa, ...
und auch mich.

Manchmal will ich gar nicht schlafen gehn,
das Leben ist so spannend und schön.
Aber auch mein Teddy möchte in Ruhe sitzen
und nicht mehr mit mir herumflitzen.
Lieber Gott, gib gut auf uns Acht
in dieser Nacht.

Den Mond und die Sterne,
alle habe ich sie gerne.
Auch die Mama, den Papa und ...
und auch die, die wohnen in der Ferne.
Lieber Gott, ich bitte dich,
beschütze alle und auch mich.

Zum Schutzengel

Engel Gottes, leite mich,
an deiner Hand sicher führe mich.
Zeige mir, auf Jesus zu schauen und zu vertrauen.
Am Tag und in der Nacht
gib auf mich Acht.

Heiliger Schutzengel mein,
lass mich dir empfohlen sein.
In allen Nöten steh mir bei
und halte mich von Bösem frei.
An diesem Tag, ich bitte dich,
schütze und bewahre mich.

Schutzengel mein,
ich bitte dich,
begleite und beschütze mich.
Amen.

Wo ich auch gehe oder stehe,
immer ist ein Engel bei mir.
Guter Gott, du hast ihn mir geschickt,
damit mir das Leben glückt,
dafür danke ich dir.
Amen.

Wo ich auch gehe oder stehe,
du, mein Engel, bist bei mir,
und dafür danke ich dir!

Zu Maria

Maria mit dem Kinde lieb,
uns allen deinen Segen gib.
Amen.

Gegrüßet seist du, Maria,
voll der Gnade,
der Herr ist mit dir.
Du bist gebenedeit* unter den Frauen,
und gebenedeit ist die Frucht deines Leibes, Jesus.
Heilige Maria, Mutter Gottes,
bitte für uns Sünder.
Jetzt und in der Stunde unseres Todes.
Amen.

„gebenedeit" bedeutet „gesegnet"

Heilige Maria,
du bist die Mama von Jesus.
Aber du hast auch mich lieb
und beschützt mich.
Begleite mich
auf meinem Lebensweg
und lass mich spüren,
dass du da bist.
Amen.

Maria,
mit dir kann ich reden
wie mit einer guten Freundin.
Ich weiß, du plauderst nichts aus.
Ich möchte dir heute erzählen,
was mich bedrückt.
Vielleicht geht es mir danach besser ...

Zum Namenspatron

Heilige/r ...
ich trage den gleichen Namen wie du,
du bist mit deinem starken Glauben
ein Vorbild für mich.
Hilf mir, wenn ich nicht mehr weiterweiß
oder unsicher bin.
Mach mich mutig und zeig mir,
wie schön es ist, an Gott zu glauben.
Amen.

Segenswünsche

✝ Es segne dich der allmächtige Gott,
der Vater und der Sohn und der Heilige Geist.

✝ Der liebe Gott sei mit dir!

✝ Gott segne dich!

✝ Der Herr segne und behüte dich.
Er schaue dich in Liebe an und schenke dir
einen guten Tag.

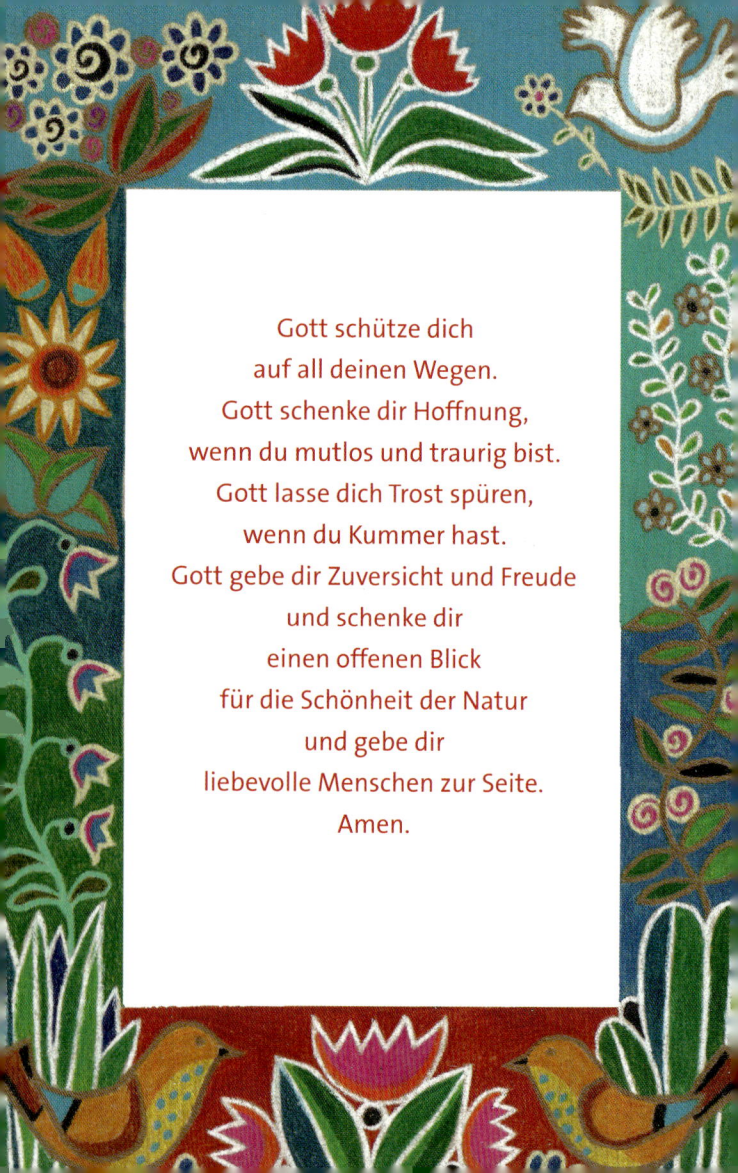

Gott schütze dich
auf all deinen Wegen.
Gott schenke dir Hoffnung,
wenn du mutlos und traurig bist.
Gott lasse dich Trost spüren,
wenn du Kummer hast.
Gott gebe dir Zuversicht und Freude
und schenke dir
einen offenen Blick
für die Schönheit der Natur
und gebe dir
liebevolle Menschen zur Seite.
Amen.